K. Fr. Schulze

Herbarts Stellung zu Kant

K. Fr. Schulze

Herbarts Stellung zu Kant

ISBN/EAN: 9783743419919

Hergestellt in Europa, USA, Kanada, Australien, Japan

Cover: Foto ©Thomas Meinert / pixelio.de

Manufactured and distributed by brebook publishing software (www.brebook.com)

K. Fr. Schulze

Herbarts Stellung zu Kant

Herbart's Stellung zu Kant,

entwickelt

an den

Hauptbegriffen ihrer Philosophien.

Abhandlung

zur Erlangung

der

philosophischen Doctorwürde

auf

der Georg-August-Universität zu Göttingen

von

K. Fr. W. L. Schulze.

Luckau.
Gedruckt bei J. Entleutner u. Sohn.
1866.

Herrn

Dr. *G. Gerland*

in

Magdeburg.

Wenn schon das Billigkeitsgefühl verlangt, bei der Schätzung eines Menschen ihn nicht aus dem Zusammenhang mit seiner Zeit und seiner Umgebung herauszureissen, sondern sich auf den gleichen Boden mit ihm zu stellen, so wird diese Anforderung noch stärker betont durch die Rücksicht, dass ein Verständnis historischer Personen und Ereignisse garnicht möglich ist, ohne allen den mannigfachen Fäden nachzuspüren, durch welche solche Personen und Ereignisse mit ihrer Vergangenheit und ihrer Gegenwart verknüpft sind. Denn in jedem durch die Erfahrung gegebenen Dinge ist eine Reihe von Ursachen und Wirkungen enthalten, denen das Ding seine jedesmalige Beschaffenheit verdankt, — die also, wollen wir anders das Ding vollständig begreifen, vor Allem sorgfältig aufgesucht und in ihrem Zusammenwirken betrachtet sein wollen. Und das gilt nicht bloss in Absicht auf sinnlich Wahrnehmbares; man sollte sich doch der Einsicht nicht mehr verschliessen, dass im Reiche des Geistes dieselbe Gesetzmässigkeit herrscht wie in der übrigen Natur.

Wenden wir nun diese Ueberlegung auf Herbart und seine Philosophie an, so ist trotz der Originalität, welche die ganze Herbartische Art an sich trägt, doch unschwer zu sehen, wie Leibnitz und Wolff nicht weniger als die Skeptiker, die Philosophen des Alterthums nicht weniger wie Kant und Fichte theils durch ihre Wahrheiten, theils durch ihre Irrthümer in diesem Manne sich wirksam zeigen. Es würde zu weit führen alle jene Beziehungen nachzuweisen, in denen Herbart's Philosophie zu andern Systemen steht; aber wir wagen auch zu behaupten und hoffen das im Verlauf unserer Abhandlung ausser Zweifel zu setzen, dass die Einflüsse andrer Philosophen auf Herbart unbedeutend sind gegenüber dem Einflusse, welchen Kant auf denselben geübt hat. Und schon aus diesem Grunde wird man es gerechtfertigt finden, wenn wir uns darauf beschränkt haben Herbart's Stellung zu Kant auf diesen Blättern darzulegen. Aber noch mehr: wir wagen zu behaupten und hoffen auch das zu beweisen, dass Herbart's Philosophie gerade dem Kantischen Kriticismus ihre Entstehung verdankt und dass sie zugleich dessen Vollendung ist, dass sie im Grossen und Ganzen nur die consequenteste Verfechtung des Kantischen Standpunkts selbst ist.

Freilich als wir zum ersten Male von Herbart hörten, wollte es uns scheinen, als wäre gerade zwischen Kant und Herbart eine Kluft befestigt, die gar keine Vermittlung zulässt. Aber bei genauerer Betrachtung ihrer Philosophie kann es nicht entgehen, dass wir es mit zwei verwandten Geistern zu thun haben, einer descendentalen Verwandtschaft, die, gleich der leiblichen, eine Aehnlichkeit im Grossen und Ganzen bedingt, ohne darum eine eigenthümliche Entwicklung im Einzelnen auszuschliessen. Nehmen wir einmal an, Kant hätte der Welt seine Kritiken nicht gegeben, — würden wir uns trotzdem einen Herbart vorstellen können? Die Antwort Nein drängt sich von selbst auf. Und weil nun Kant's titanischer Geist dem gesamten Geistesleben unserer Nation sein eigenes Gepräge aufgedrückt hat, — würde es auch nur denkbar sein, dass ein philosophischer und strebender Kopf sich diesem Einfluss hätte entziehen können? Herbart ist niemals im eigentlichen Sinne Schüler von Kant gewesen; er hat ihn persönlich nie gehört und gesehen. Aber die Begeisterung und Ehrfurcht, mit der er „Kant bewundert und als seinen Wohlthäter preist," die rührende Pietät mit der er ihn „lebendig vor sich sehen, ihn sprechen möchte, den hochehrwürdigen Greis" — sie weisen deutlich darauf hin, wie viel Herbart seinem Vorgänger schuldig ist. Bekennt er doch offen: „das Licht der Kantischen Lehre hat mir geleuchtet seit ich dafür empfänglich war; und wie sich die Pflanze sehnt zum Lichte, so sehnte sich mein Jünglingsalter nach Königsberg" (Rede z. Gedächtn. Kant's 1833, 22. April). Und doch, auf derselben Seite dieser Rede (1833) wäre es ihm leicht genug eine Palinodie zu singen und zu zeigen, dass er nicht Kantianer sei!" In der That, wer die Seelenvermögen für „nichts Anderes als mythologische Wesen" hält (Einl. in d. Phil., Wke., herausg. v. Hartenstein Bd. I, S. 55); wer die transcendentale Freiheit für einen Gegenstand des Aberglaubens, für „einen innern Dämon" erklärt (Aphorism. z. Einl., Wke. I, S. 569); wer die Kantische Kategorientafel ein „Muster arger Unordnung in scheinbarer Ordnung" nennt, deren Nutzen er nur darin erblickt, dass sie „so bequem war, wenn Jemand etwas untersuchen wollte und um Gesichtspunkte verlegen war, aus denen es mochte betrachtet werden" (Ueb. phil. Stud.), der kann nicht Kantianer sein, der muss in wesentlichen Punkten von Kant abweichen.

Deshalb werden wir, um die Stellung Herbart's zu Kant vollständig zu entwickeln, nicht bloss den Einfluss des Letztern auf Erstern, sondern auch den Widerspruch in dem sich beide befinden, im Einzelnen zu betrachten haben. Allein versuchen wir's diese unsere Aufgabe zu lösen, so wird sich uns gar bald die Schwierigkeit fühlbar machen, die Gränze zu bestimmen, wo der Einfluss aufhört und der Gegensatz, das bewuste Veto Herbart's gegen die Decrete Kant's beginnt. Und wird sich nicht auch in letzterer Hinsicht vielfach von einem Einfluss reden lassen? Ist nicht dieser Einspruch oft erst durch Irrthümer, die uns als Wahrheit zu gelten verlangen, geschaffen? Irrthümer führen ja so häufig zu Punkten, von denen aus sich eine weite Fernsicht in das Reich der Wahrheit eröffnet. Oft werden wir also im Zweifel sein, ob wir in dieser oder jener abweichenden Ansicht Herbart's einen Einfluss von Seiten Kant's erblicken oder ob wir vielmehr annehmen sollen, diese Abweichungen sind durch organische Weiterentwicklung früherer eigner Ideen oder durch Einwirkungen anderer Philosophen bedingt, kurz unabhängig von Kant.

Allein es wird sich uns bei der Vergleichung beider philosophischen Systeme und der Darlegung ihres innern Zusammenhangs doch die Ueberzeugung aufdrängen, dass in den Hauptfragen allerdings Kant's Sätze selbst es waren, die theils Herbart die Zustimmung abnöthigten und ihn desshalb als Kantianer erscheinen lassen, theils ihn durch ihre eignen Consequenzen in eine oppositionelle Stellung trieben.

So werden wir denn aber auch in unserer Darstellung nicht äusserlich das beiden Philosophen Gemeinsame und hinterher ihre Differenzen zusammenstellen, sondern wir glauben der Wahrheit näher zu kommen und die Stellung Herbart's zu Kant richtiger zu würdigen, wenn wir die Objecte des philosophischen Denkens, wie sie sich nach ihrer innern Verwandtschaft an einander schliessen, uns bei der Behandlung unserer Aufgabe leiten lassen. Vorher aber müssen wir noch in Kürze den Standpunkt, auf welchem unsere Philosophen zu den Dingen stehen, und ihre Methode die philosophischen Fragen zu erörtern, einer Betrachtung unterziehen.

„Bisher hatte man die Wahl, entweder dogmatisch wie Wolff, oder skeptisch wie Hume zu verfahren. Der kritische Weg ist der einzige, der noch offen ist. Wenn der Leser diesen in meiner Gesellschaft durchzuwandern Gefälligkeit und Geduld gehabt hat, so mag er jetzt das seinige dazu beitragen, um diesen Fusssteig zur Heerstrasse zu machen." Mit diesen Sätzen nimmt Kant am Schlusse seiner Kritik der reinen Vernunft Abschied vom Leser. Er bezeichnet damit seine Philosophie als Kriticismus und sieht in diesem kritischen Verfahren die einzige Möglichkeit „die menschliche Vernunft in dem was ihre Wissbegierde jederzeit, bisher aber vergeblich beschäftigt hat, zur völligen Befriedigung zu bringen." Das menschliche Denken leidet von Hause aus nicht bloss an arger Verwirrung, sondern es nimmt auch tausend Dinge als Wahrheiten hin, die thatsächlich auf Irrthum beruhen und überdiess sind auch diejenigen Dinge, deren Wahrheit unumstösslich erscheint, doch nur problematisch, so lange die Berechtigung nicht erkannt wird, nach welcher solche Dinge als Wahrheiten gelten sollen. Der Zwek des Philosophirens liegt nun für Kant darin, dass die Vernunft durch die Verwirrung zur Klarheit, durch den Irrthum zur Wahrheit, durch die Wahrscheinlichkeit zur Evidenz hindurchdringe. Dies Streben nach „Befriedigung" der Vernunft, das aber diese Befriedigung nicht zum naheliegenden Ziele macht und sich in dieselbe hineinträumt, heute einem ansprechenden Einfall und morgen wieder einem sich hingebend, sondern das mit unerbittlichem Scharfsinn und mit gewissenhaftester Behutsamkeit der Wahrheit nachspürt, diese wahrhaft wissenschaftliche Gesinnung ist der Character des „Alles-Zermalmenden." Und gerade dieser Kriticismus, diese beständige Wachsamkeit und dieser ausdauernde Scharfsinn treten auch an Herbart so entschieden und ausgeprägt hervor, dass weniger scharfe Köpfe in dieser Eigenthümlichkeit gar einen Mangel, ja beschränkteste Armseligkeit erblicken konnten. — Aber ferner liegt es im Wesen des Kriticismus, dass er nicht darauf ausgeht das All der Dinge aus einer obersten Idee zu construieren, sondern dass er sich darauf beschränkt, das Gegebene zu untersuchen, zu erklären, seine Consequenzen zu verfolgen: und auch in dieser Beziehung herrscht zwischen Kant und Herbart das vollste Einverständnis. — Ob hier von einem Einfluss Kant's auf Herbart geredet werden darf? ob diese Uebereinstimmung nicht vielmehr zwei selbstständige Wurzeln hat, aus denen sie erwachsen? Es ist immer schon mislich, dem Manne, der gerade durch seine Methode auf alle Wissenschaften unleugbar umwälzend eingewirkt hat, diese Einwirkung auf die Philosophie und ihre Vertreter nicht beilegen zu wollen. Aber wenn in irgend einem Punkte der Uebereinstimmung, so haben wir in diesem Hauptpunkte an einen directen Einfluss zu denken, und leugnen wir ihn hier, als in der Grundlage, worauf Herbart's System erwachsen ist, so haben wir damit bei den durchaus abweichenden Endresultaten Herbart's jeden Einfluss, wenigstens jeden wesentlichen Einfluss geleugnet: das aber verbietet uns die stete Rücksichtsnahme Herbart's auf Kant und zahlreiche ausdrückliche Aeusserungen in Herbart's Schriften. Wir führen wenigstens ein hierher gehöriges Wort Herbart's an, das seine liebenswürdige Bescheidenheit wie sein strenges Rechtsgefühl, woran man Herbart stets wiedererkennt, ihn in der Rede vom 22. April 1810 aussprechen lässt: es bedürfe, sagt er, für die Metaphysik vor Allem desjenigen kritischen Geistes, „welchen unter uns aufgeregt zu haben das eigenthümliche Verdienst des grossen Denkers ist, dessen Manen wir heute verehren." Kant's kritischer Geist hat sich auf Herbart vererbt.

Von diesem gemeinsamen Boden der kritischen Forschung aus verfolgen wir nun beide Denker weiter. Wie kein philosophisches System ohne Hypothese, namentlich nicht ohne psychologische Hypothese bestehen kann, so gehen auch unsere beiden Philosophen von einer solchen Hypothese aus. Kant stellt am Anfang seiner Untersuchungen den Satz als unzweifelhaft hin, dass das Erkenntnisvermögen (bevor er es untersucht hat) aus theoretischer Vernunft, praktischer Vernunft und Urtheilskraft bestehe und dass es sich, mit einer gewissen Organisation begabt, einer Aussenwelt gegenüber finde, die es durch jene Organisation in bestimmten Formen aufzufassen genöthigt sei. Herbart dagegen spricht die Bedingung seines Philosophierens dahin aus, dass das menschliche Denken (d. h. die Seele als streng einheitliches Wesen) zu objectiver Erkenntnis der ihm gegenüberstehenden realen Welt zu gelangen vermöge, wenn es in der Behandlung der philosophischen Probleme streng logisch verfahre. Beide also erkennen eine reale Welt als das Object des Erkennens und das Ich als das Subject des Erkennens an, verlangen zu jeder Erkenntnis diese beiden Factoren. Aber die Verschiedenheit die in beiden Sätzen ausgesprochen ist, ist zu gross, um nicht sofort in die Augen zu springen. Nichts da bei Herbart von einem Bestehen des Erkenntnisvermögens aus mehreren nebeneinander bestehenden gleichberechtigten Kräften, Nichts von apriorischen Begriffen: die Ansichten über die Beschaffenheit des erkennenden Subjects sind anders bei Kant, anders bei Herbart. Aber weiter: Aus

Kants Hypothese, daraus nämlich, dass er das Erkenntnisvermögen von Hause aus mit einer bestimmten Organisation begabt, folgt unmittelbar, dass von einer Erkenntnis des realen Seins der Dinge nicht die Rede sein kann, dass zwischen dem subjectiven Erkennen und dem objectiven Sein eine undurchdringliche Scheidewand sich befindet. So musste es Kant vor Allem darauf ankommen zu untersuchen, wie weit es dem Denken gestattet sei, über die Dinge Etwas festzusetzen: er musste die Vernunft kritisieren. Und er fand, dass die Vernunft sich damit begnügen müsse, die Erscheinungen oder die sogenannte Materie der Erfahrung nach jenen angeblich vor aller Erfahrung im Bewustsein bereit liegenden Formen aufzufassen und zu ordnen; er suchte ferner zu zeigen, dass, wenn das menschliche Denken über diese Gränze hinausgienge, es sich in unvermeidliche Widersprüche verstricke, Widersprüche, die ihn zu der Erklärung veranlassen, die theoretische Vernunft könne es überhaupt nie zu einem sichern Wissen in den höchsten metaphysischen Problemen bringen. Das Endresultat von Kant's theoretischer Forschung ist also negativ.

Wie gross ist auch nach dieser Seite hin der Gegensatz zwischen Kant und Herbart! Letzterer nämlich, wie er die Unrichtigkeit von Kant's psychologischen Voraussetzungen erkannt hatte, vermag in der blossen Schematisierung des Erfahrungsstoffes kein Genüge zu finden, sondern verlangt, dass unser Erkennen über die Erscheinung hinaus zu dem Sein, auf welches dieselbe hinweise, fortgehen könne und müsse; dass wir die Qualität dieses Seienden zwar nicht zu erkennen vermögen, aber doch die Erscheinungen aus dem **Begriff des Seienden**, durch gewisse nothwendige Ergänzungen und Entwicklungen desselben, **erklären** können und müssen. Was aber die Widersprüche anlangt in die sich das Denken hineingetrieben findet, so beruhe gerade darauf die wahre Metaphysik: nur weil es Widersprüche in unsrem erfahrungsmässigen Wissen gibt, nur darum ist eine vernünftige Metaphysik überall erst möglich: jene widersprechenden Begriffe aber könne Niemand vermeiden, weil sie sich in den allerersten Anfängen der Erfahrung erzeugen. Freilich, die Logik kennt kein anderes Mittel sich mit derlei Begriffen abzufinden als: sie verwirft sie rundweg und nimmt ihr contradictorisches Gegentheil an. Aber gleichwol sind die Begriffe thatsächlich gegeben und lassen sich nicht von der Hand weisen; es muss deshalb ein Weg des Denkens gefunden werden, der zugleich der Logik und der Erfahrung genügt: diesen sucht und findet Herbart's Metaphysik, die also im geraden Gegsnsatz zu Kant einen positiven Character hat.

Dies demnach das Verwandte und das Unterscheidende zwischen beiden Philosophen: Beide sind darin einig, dass eine reale Welt dem menschlichen Denken gegenübersteht; dass Sich-Widersprechendes nicht als real bestehen könne, dass die subjective Erfahrung der Gegenstand alles Philosophierens sein müsse. Aber während Kant es bei dieser subjectiven Erfahrnng bewenden lässt, sieht sich Herbart darüber hinausgetrieben; während Kant bei dem blossen Versuche dazu Widersprüche vorfindet, aus denen er Nichts zu machen weiss und die er deshalb als unauflösbar theoretisch rein von sich weist („hinwegkritisiert"), so findet Herbart seine philosophische Aufgabe gerade darin, diese widersprechenden Begriffe denkbar zu machen und das Reale was hinter ihnen stecken mag zu construieren. Suchen wir jetzt das Gesagte näher zu begründen.

Kant beginnt damit, die menschliche Erkenntnisquelle, den **Ursprung** unserer Erfahrung, zur Aufgabe seiner Untersuchung zu machen; er wendet sich nicht sowol an die Gegenstände, als er kritisiert vielmehr unsre Erkenntnis von den Gegenständen, „soweit dieselben a priori möglich sein soll." Alle Erkenntnis, sagt er, ist ein Product zweier Factoren, des erkennenden Subjects und der Aussenwelt: letztere liefert den Stoff zu unsrer Erkenntniss, das Erfahrungsmaterial; das erkennende Subject aber gibt die Form dazu her, nämlich die Verstandesbegriffe, ohne welche unser Bewustsein die Dinge garnicht fassen könnte und ohne welche die Synthesis unsrer Wahrnehmungen, d. h. eine zusammenhängende Erfahrung unmöglich wäre. Deshalb müssen diese Kategorien, als die Bedingung der Möglichkeit aller Erfahrung, vor aller Erfahrung oder „a priori" im Gemüthe bereit liegen. Daraus folgt aber auch, dass wir nichts von den Dingen an sich, sondern nur von Erscheinungen wissen: zu dem mannigfaltigen, durch die Erfahrung dargebotenen Stoffe bringen wir ja unsre eignen Begriffe als die Form der Erkenntnis hinzu, die Objecte der Erkenntnis erhalten also das subjective Gepräge unserer **Auffassung**. Z. B. das Ding mit vielen Merkmalen ist ein Gegenstand unsres Bewustseins: von aussen war uns nur die Mannigfaltigkeit der Empfindungen gegeben, den Begriff der Einheit dagegen, den wir bei der Auffassung des „Einen Dinges" anwenden, haben wir selbst hinzugetragen.

Aber nicht einmal die Anschauungen, welche durch unsre Verstandesbegriffe uns erst denkbar gemacht werden, sind rein, sondern auch sie sind schon durch ein subjectives Medium, durch die allgemeine Form aller Sinnenobjecte, Raum und Zeit, hindurchgegangen; auch Raum und Zeit sind subjective Zuthaten, Formen der

sinnlichen Anschauung, die ebenfalls a priori in unsrem
Gemüthe vorhanden sind, weil ohne sie keine An -
schauung möglich wäre.

Aus doppeltem Grunde also kennen wir nur Erscheinungen, nicht die Dinge wie sie an sich sind.
Aus alledem folgt nun aber auch, dass nur die Erfahrung das Gebiet unserer Erkenntnis ist; denn da
jede Erkenntnis aus dem von aussen gegebenen Stoff
und der hinzugetragenen Form der sinnlichen Anschauung und des Verstandes besteht, oder auf dem Zusammenwirken der Sinnlichkeit und des Verstandes beruht,
so ist eine Erkenntnis von Dingen, die ausser der Erfahrung liegen, unmöglich oder rein illusorisch. Ver-
sucht nun das menschliche Denken trotzdem über die
ihm gesteckten Gränzen hinaus in ein transscendentes
Gebiet vorzudringen, so wird es sich in die gröbsten
Widersprüche verwickeln; die drei Vernunftideen, die
psychologische, die kosmologische und die theologische
sind nichts als Gebilde der Vernunft und ohne alle An-
wendbarkeit auf die empirische Wirklichkeit: werden
sie trotzdem als wirklich existierende Objecte gedacht,
so führen sie zu lauter Paralogismen, aus denen die
Anmassung der Vernunft, welche sie sich dabei hat
zu Schulden kommen lassen, klar hervorgeht. Das
Dasein Gottes als eines realen höchsten Wesens, das
Dasein der Seele als eines realen Subjects und das
Vorhandensein eines allumfassenden Weltsystems als
eine Totalität aller Bedingungen und Erscheinungen zu
begreifen und zu beweisen ist demnach unmöglich: die
eigentlichsten und höchsten Probleme der Metaphysik,
die Begriffe von Gott, Unsterblichkeit und Freiheit,
liegen jenseits der Gränzen jedes möglichen philosophischen Wissens und ihre objective Realität wird sich
nie beweisen, freilich auch nie widerlegen lassen. Diese

Vernunftideen dürfen deshalb nicht als konstitutive, sondern nur als regulative Prinzipien angesehen werden und als solche haben sie auch ihre gute Bestimmung, nämlich die, unsre Erfahrung mittels derselben zu ordnen und unter gewisse Einheiten zu bringen. — Dies der Gang von Kants theoretischer Forschung.

Und wie war er auf diesen Weg gelangt? Aufgewachsen in der Selbstgefälligkeit der Wolffischen Philosophie wurde er zuerst durch Hume's Skepticismus beunruhigt. „Die Erinnerung an David Hume war dasjenige, was mir vor vielen Jahren zuerst den dogmatischen Schlummer unterbrach und meinen Untersuchungen im Felde der speculativen Philosophie eine ganz andere Richtung gab." Woher weiss ich das Alles was in der Schule der Philosophen für lautere Wahrheit gilt? Wie viel und was weiss ich ursprünglich? Und wie lässt sich aus dem ursprünglich Gewissen ein weiter ausgedehntes Wissen ableiten? Diese Fragen führten Kant auf sein kritisches Geschäft. Hier aber ist es vorzüglich, wo Kant auf Herbart eingewirkt hat. Denn auch dieser tritt mit denselben Fragen, mit dem nämlichen Skepticismus an das vermeintliche Wissen heran und fragt nach seiner Berechtigung. Aber eben hier auch schon ein weittragender Unterschied; denn während Kant — „er hatte mit einem allzuzahlreichen Heer von Vorurtheilen zu kämpfen" — während Kant mit der hergebrachten Psychologie an die Auflösung jener Fragen herantritt, während er die Theorie von den Seelenvermögen und von deren Funktionen unbesehen als Grundlage der ganzen Erörterung benutzt, während er die sogenannten Erkenntnisvermögen durchmustert und diese gleichsam selbst reden lässt, während Kant's Metaphysik auf der Psychologie basiert, wendet sich dagegen Herbart unmittelbar an den Inhalt der Erkenntnis, an die Begriffe selbst, die mit dem Anspruch auftreten der Ausdruck der Erkenntnis zu sein, — an die Begriffe der gemeinen Erfahrung. Freilich bin ich mir auch des Sehens und Hörens bewust, bin ich mir auch der Begriffe, Ideen, Entschliessungen, Gefühle bewust; aber, fragt Herbart auch hier, woher weiss ich, dass ich eine Sinnlichkeit besitze, woher weiss ich von meinem Verstande, von meiner Vernunft, meinem Willen als von ebensovielen, unter sich verschiedenen „Vermögen"? bedürfen diese nicht auch erst der Prüfung? Es ist ersichtlich, wie Herbart durch diese Fragen auf das Ich als metaphysisches Problem und von hier aus auf seine grossartigen psychologischen Untersuchungen hingeführt wurde, also ganz entgegengesetzt wie Kant, der durch Betrachtung des Erkenntnisvermögens die Grundlage metaphysischer Untersuchungen gewinnen wollte. Wir verkennen keineswegs den Einfluss, welchen Fichte in dieser Richtung auf Herbart geübt hat; nur glauben wir uns denselben nicht so gross vorstellen zu dürfen, dass Kant gar keinen oder nur geringen Theil daran hätte; davor warnt ja auch schon die Erwägung, dass Fichte auf den Schultern Kant's steht. Uebrigens deutet Herbart selbst deutlich genug auf sein Verhältnis zu Kant gerade in diesem Punkte hin, wenn er sagt (Vorrede z. 1ten Aufl. des Lehrb. z. Einleitung in die Phil.): „Gerade dadurch, dass Kant die Kategorien sammt Raum und Zeit als blosse Formen unsres Erkenntnisvermögens darstellte, machte er sie zum Gegenstande einer neuen, von ihnen selbst unabhängigen Reflexion; er unterliess aber dasjenige Wissen zu entwickeln, welches eben aus der begonnenen Reflexion auf die Formen der Erfahrung hervorgehen muss."

Wie steht es nun aber mit dem erwähnten Problem? Es ist, wie das Ding mit vielen Merkmalen, ein Reale mit Zuständen, Kräften, Thätigkeiten, also eine Einheit und doch eine Vielheit, und enthält somit Widersprüche. Aber ferner soll sich das Ich selbst untersuchen: das Ich soll Subject und zugleich Object sein; das aber ist ein Widerspruch ärgster Art, „denn Subject uud Object lässt sich nie ohne Widerspruch als Eins und dasselbe denken".*) Trotzdem ist das Ich gegeben, es kann also ebensowenig wie die übrigen Erfahrungsbegriffe weggeworfen, es muss vielmehr vom Widerspruche gereinigt werden: und wirklich fällt der Widerspruch fort, wenn man das Ich als vorstellendes Subject betrachtet und die verschiedenen (der Vergangenheit angehörenden) Zustände derselben, d. h. die die verschiedenen Vorstellungen, Affecte, Willensacte zu Objecten macht. Dies unabweisbare widerspruchslose Ich ist nun aber Nichts Anderes als die menschliche Seele, die als Monas, Seiendes, als Reale, mithin absolut einfach und unveränderlich ist. So, d. h. durch Entwicklung des Begriffs des Seins und Wesens (worüber unten noch ein paar Worte mehr) gelangt Herbart zur Unsterblichkeit der Seele, die Kant auf theoretischem Wege zu beweisen für unmöglich erklärt hatte. — Freilich würde für Letzteren dies Resultat, auch wenn

---

*) Die Sprache, oder, um mit Steinthal zu reden, „die Volkslogik" nimmt es in dieser wie in andern Beziehungen nicht so genau und betrachtet beim reflexiven Gebrauch der Pronomina ganz offenbar Subject und Object als identisch. Aber wie fein der Tact ist, mit dem dieselbe in dieser Betrachtungsweise Maass hält, zeigt sich schon darin, dass es der Sprache als solcher nie einfallen wird zu Sätzen wie „Er lobt sich" ein Passivum „Er wird von sich gelobt" zu bilden, oder gar zu „Ich sehue mich" ein Passivum „Ich werde von mir gesehnt".

er den Beweis als richtig würde anerkannt haben, doch von gar geringem Werthe gewesen sein; denn worauf es Kant vor Allem ankam, **die Fortdauer des Bewustseins ausser Zweifel zu setzen, das hat Herbart hiermit offenbar auch nicht gethan.** Denn das Bewustsein ist nach Herbart nichts als die Summe der Beziehungen, in welche die Seele zu andern Realen tritt, es ist die Summe der Vorstellungen, welche eben soviele „Selbsterhaltungen" der Seele sind, d. h. hervorgerufen werden durch den Konflict der anderen Realen gegen die Seelenmonas; die Seele ist ihm nur das Substrat der psychischen Erscheinungen. Nun aber ist doch nicht einzusehen, wie die innern Zustände sollten fortdauern können ohne die entsprechenden äussern, d. h. ohne das Zusammensein der Seele mit denjenigen Substanzen, aus deren Störungen und dadurch veranlassten Selbsterhaltungen sie erst hervorgegangen sind, also mit dem Körper und den materiellen Aussendingen.

Es würde sich hier Herbart's Psychologie am besten anschliessen, die in ihren Principien wie in ihren Resultaten von Kant's „Ansichten" über diese Sache gerade soweit als möglich abweicht. Eben deshalb aber erscheint es hier als erlässlich, den Gang und die Resultate dieser Psychologie des Breitern darzulegen. Doch gerade in ihr finden wir die Aufklärung über jene Kantischen Meinungen von den Erfahrungsformen a priori, über die Mittel, deren sich Kant bediente, um die Vernunft, d. h. das menschliche Denken von dem Unternehmen speculativer Festsetzung in Anschung des Uebersinnlichen zurückzurufen. Raum und Zeit waren ihm blosse Form des Vorstellens, also das Räumliche blosse Erscheinungen. Herbart widerlegt nicht bloss die Gründe, durch die Kant seine Meinung zu erhärten sucht (Eiul. § 151, Anm.), sondern seine Psychologie antwortet nun auch auf die Frage, wie Raum- und Zeitvorstellungen, da sie nicht a priori im Gemüthe liegen, sich in uns erzeugen; sie giebt überhaupt Aufklärung über den Ursprung der Vorstellungen, deren Steigen und Sinken, deren gegenseitiges Verdrängen, deren Association, deren Projection nach Aussen, über den Begriff der Einheit beim Dinge mit mehreren Merkmalen; sie lehrt das Wesen und Entstehen der Gefühle kennen, gibt Aufschluss über den Willen und über Freiheit, Entschluss und Wahl des Menschen; sie schlägt die Apriorie der Kantischen Kategorien aus dem Felde und weist nach, wie die Seele zum Urtheilen, Schliessen, zum Causalbegriff gelangt; sie verschafft Einsicht in die Natur und Entstehungsweise der Ideen: vor Allem beseitigt sie für immer die gewöhnliche Ansicht von der Seele als einem aus einer Mehrzahl verschiedenartiger Vermögen bestehenden Wesen und führt alle Erscheinungen unsres Seelenlebens auf die Vorstellung zurück: auf dem Mechanismus der Vorstellungen beruhen alle psychologischen Thatsachen und sind aus ihm zu erklären.

Kant hatte dem Obigen zufolge nach Herbart überhaupt eine ganz falsche Ansicht von Metaphysik: er liess es sich vor Allem angelegen sein, die Gränze des Erkenntnisvermögens zu bestimmen, um die „Anmassung" der Metaphysik zurückzuweisen und um nicht Zeit und Mühe an Dinge zu verschwenden, die ausserhalb der Sphäre des menschlichen Verstandes lägen. Herbart dagegen ertheilt der Metaphysik die Bestimmung, die nämlichen Begriffe, welche die Erfahrung ihr aufdringt, denkbar zu machen und sieht darin die Berechtigung wie die Nothwendigkeit dieses Theils der Philosophie. Und dieser Auffassung von der Metaphy-

sik gemäss hat er denn Kant gegenüber in Hinsicht des
Ich vorerst nichts Wichtigeres zu thun, als auf die
Täuschung aufmerksam zu machen, die darin liegt,
als sei das Erkenntnisvermögen leichter zu erkennen,
als die andern metaphysischen Probleme, da alle Begriffe, durch die wir unser Erkenntnisvermögen denken, selbst metaphysische Begriffe sind, die erst der
Berichtigung bedürfen; erst dann darf die Frage Berücksichtigung finden, ob wir Dinge an sich oder nur
Erscheinungen zu erkennen vermögen. Wie gross ist
der Fortschritt, den hier die Philosophie durch Herbart
gemacht hat, wie viel besonnener, consequenter, tiefer,
umfassender ist sie geworden! Dies war aber auch
die einzig vernünftige Weiterbildung der kantischen philosophischen Verfassungsurkunde, während die übrigen
nachkantischen Philosophen zumeist gerade aus deren
Grundfehler ihre Nahrung gesogen haben.

So viel über den „Einen Factor der Erkenntnis",
das erkennende Subject. Was nun den andern Factor,
die Aussenwelt, anlangt, so erkennt Herbart mit Kant
an, dass es allerdings eine reale Aussenwelt gibt, ohne
die es auch keine Erfahrung geben würde. Diese Aussenwelt wirkt (durch die Sinne) auf die Seele und es
entsteht (das Wie weist die Psychologie nach) die gemeine Erfahrung: von Aussen kommt also auch die
Form der Erfahrung — dies der Gegensatz zwischen
Kant und Herbart, der oben schon angedeutet ist. Aber
weiter: Was bei dieser Wirkung der Aussenwelt auf
die Seele herauskommt, gilt Kant für die einzig mögliche theoretische Erkenntnis; die theoretische Erkenntnis ist ihm also vollendet, sobald der Verstand die Anschauungen, welche die Sinnlichkeit geliefert, gedacht
d. h. unter Kategorien gebracht hat und die Vernunft
die so entstandenen Begriffe unter gewisse höhere Ein

heiten geordnet hat; die Gegenstände müssen sich demnach nach unsrem Anschauungsvermögen richten und unsere Anschauungen wieder nach unsrem Verstande. Offenbar ist diese ganze Frage eine rein psychologische, da sie sich nur danach umsieht, wie unsre jetzt vorhandenen Vorstellungen entstanden sein mögen. Die Metaphysik aber beginnt erst, wo es sich darum handelt, unser jetziges Denken fortzusetzen und weiter anszubilden. Kant unterliess das nicht bloss, sondern er hielt gemeine Erfahrungsbegriffe für wirkliche Erkenntnisse von — Erscheinungen. Und hingegen ist von Herbart's Standpunkt aus zweierlei zu sagen.

Einmal: „Mit Recht erinnerte Kant an Kopernikus; aber unrichtig setzte er hinzu: „wenn die Anschauung sich nach der Beschaffenheit der Gegenstände richten müsste, so sehe ich nicht ein, wie man a priori von ihr etwas wissen könne; richtet sich aber der Gesenstand (als Object der Sinne) nach der Beschaffenheit unsres Anschauungsvermögens, so kann ich mir diese Möglichkeit ganz wol vorstellen" — gerade als wenn Jemand den Fehler in der Erscheinung vom Auf- und Untergehen der Sonne, der freilich an der Sonne nicht liegen kann, dagegen in der Einrichtung des menschlichen Auges suchen wollte; die Augen sind sowenig Schuld als die Sonne; das Unwahre der Erscheinung liegt an der Stellung des Beobachters gegen das Object" (Einl. § 132, Anm.). Denn meine Erfahrungen, die ich für Erkenntnis hielt, sind überall noch gar keine Erkenntnis: die Erfahrungsbegriffe, die ein unklares Denken für Erkenntnis dessen was ist nimmt, sind unmöglich, weil sie einem geschärften Denken widerstreitende Merkmale verrathen. Diese Widersprüche liegen nicht in dem eigentlichen Act des Denkens, sondern in dem was dadurch gedacht und vermeintlich erkannt wird: das Ich, die Materie, der Wechsel u. s. w. existieren nicht wirklich als solche, wofür sie nach gemeinen Begriffen gehalten werden, und umgekehrt: dasjenige Reale, welches vielleicht hinter dem Ich, hinter der Materie u. s. w. als Grund derselben liegt, kann auf keinen Fall das sein, wofür die gemeinen Begriffe es ausgeben. In dem Anschauen und Denken, sofern sie wirkliche Ereignisse sind, liegt wie gesagt nichts Widersprechendes; die Gesetze, nach denen sie sich in der Seele zutragen, lassen sich aus der Psychologie ersehen: es lässt sich aber eben daraus auch ersehen, dass unser ursprüngliches Vorstellen kein wahres Erkennen werden konnte. Darf ich nun aber darum diese widersprechenden Begriffe wegwerfen? Doch nur, da die Erfahrung sie mir aufnöthigte, wenn ich durch einen stärkern Zwang mich genöthigt sehe, sie wieder aufzugeben! Und wenn ich nun auch durch die „höhere Skepsis" versuchte sie hinwegzuzweifeln, so würde ich mich doch immer wieder in den Kreiss dieser Erfahrung zurückgebannt fühlen. Wenn also irgendwo Speculation möglich und nothwendig ist, so ist's hier: die unmöglichen Erfahrungsbegriffe müssen im Denken umgearbeitet, von ihren Widersprüchen gereinigt werden. Die Metaphysik Herbart's hat also das erfahrungsmässige Wissen zum Object der Untersuchung im grossen Unterschiede von Kant, der die Begriffe der gemeinen Erfahrung schon für die überhaupt mögliche Erkenntnis hielt; nach Herbart beginnt erst auf der Basis der gemeinen Ansicht der Dinge das Denken: es hat sich den Erfahrungsbegriffen zu übergeben und hat zuerst die Widersprüche darin aufzusuchen, dann den Irrthum zu berichtigen — „primus sapientiae gradus est falsa intelligere, secundus vera cognoscere."

Zweitens: die Objecte unserer Erkenntnis sind, wie Kant das mit Recht betont, zunächst nicht die Dinge, sondern nur Vorstellungen von den Dingen und unser Denken kann garnicht aus unserem Vorstellungskreise herausgehen; unser erstes und grösstes Interesse im Philosophieren ist daher das Zurechtstellen und Ordnen unsrer eignen Gedanken, unbekümmert vorläufig um eine Erkenntnis des Realen, die sich vielmehr erst am Ende „als Lohn für gewissenhafte Vollführung des kritischen Geschäfts" findet. „Wer sich gleich in das Reale stürzt, der fällt in den alten Sumpf, aus welchem Kant mit Mühe seinen Zeitgenossen herauszuhelfen suchte" (Ueb. meinen Streit mit der Modephil. dies. Zeit). So sind es denn, wie bei Kant, nur Erscheinungen die wir kennen? Ja wol, wenn auch nicht wegen der Form die wir zum Erfahrungsstoff hinzubrächten, so lehrt dies doch schon die einfache Besinnung, dass es unsre Vorstellungen sind die wir von den Dingen haben, dass das Gegebene nur durch und in uns existiert. Allein ist nun die Kenntnis der Erscheinungen wirklich die einzig mögliche Erkenntnis? Vermögen wir wirklich Nichts über die Dinge wie sie an sich sind festzusetzen? Diese Frage führt uns auf den allergrössesten Gegensatz zwischen Kant und Herbart. Ersterer hatte sich durch die Annahme jener angeborenen Formen der Erfahrung den Zugang zur Erkenntnis der realen Welt völlig versperrt; die Aussendinge existieren zwar ohne Zweifel, aber über das Wie dieser Existenz vermag das Denken Nichts festzusetzen. Herbart dagegen, für den jene Schranke apriorischer Organisation nicht vorhanden ist, thut nun einen gewichtigen Schritt weiter, um zu sehen, was doch hinter diesen Erscheinungen stecken mag. Es ist hier nicht der Ort, die Methode durch welche Herbart zum

Begriff des Seins, des Wesens, der Substanz gelangt, ausführlich darzulegen; deshalb nur soviel: das einzig gegebene sind unsre Erfahrungsbegriffe, die sich bei näherer Betrachtung als widersprechend, als unmöglich erweisen. Dieser Umstand treibt uns dem absoluten Skepticismus in die Arme, der zu solchen Begriffen Nichts zu sagen hat als: alle diese Vorstellungsarten beruhen auf Schein, es giebt überall gar kein Reales. Doch da stellt sich die Ueberzeugung ein, dass, wenn die Existenz alles Realen überhaupt geleugnet würde, auch der Schein, die Empfindung, das Vorstellen, das Denken aufgehoben würde. Wir fühlen uns daher gezwungen anzuerkennen: „so viel Schein, so viel Hindeutung auf's Sein," eine Hindeutung, die in den vorliegenden Problemen selbst liegt, welche aus der ersten vermeinten Erkenntnis eines Realen hervorgehen. Hiermit ist nun der Idealismus Kant's durchbrochen und der Boden des Realismus gewonnen. Dies wahrhafte Sein, das jede Abhängigkeit ausschliesst, haben wir also nicht erst zu setzen, sondern nur anzuerkennen und sofern dies Sein einem Etwas beigelegt wird, kommt diesem Realität zu. Aber das Aeusserste, was wir über die wahren Qualitäten bestimmen können, ist dies, dass jede dieser Qualitäten einzeln und für sich allein betrachtet schlechthin einfach, die verschiedenen Qualitäten mehrerer Wesen aber grossentheils unter einander im conträren Gegensatz stehen; im Uebrigen sind die wahren ursprünglichen Qualitäten uns völlig verborgen und gar kein Gegenstand irgend welcher Untersuchung. — Um den in Rede stehenden Gegensatz zwischen Kant und Herbart vollends anschaulich zu machen, wählen wir ein Beispiel: das Problem der Inhärenz, das beide Philosophen sorgfältig untersucht haben. Kant betrachtet das Ding mit mehreren

Merkmalen, um zu beweisen, dass wir den Begriff der Einheit, der doch nicht durch die Erfahrung gegeben sei, hinzubringen: er müsse also ursprünglich im Gemüth bereit liegen. Herbart dagegen weist die Frage, wie wir das Ding auffassen, in die Psychologie und wendet sich direct an den Widerspruch der in der Einheit des Gegenstandes mit den vielen Eigenschaften liegt, welche überdies alle relativ sind; er fragt nun: was ist das Ding, das doch nur der Besitzer jener Eigenschaften sein kann, für sich ohne [dieselben? dies Was des Dinges kann ja weder in den gegebenen Eigenschaften, noch in deren Summe liegen, sondern ist (ein Unbekanntes:) die Substanz. So geht die Metaphysik, die Auflösung von Widersprüchen in den Erfahrungsbegriffen mittels der Speculation, über in die Naturphilosophie, sowie andrerseits in die Psychologie, als in die Resultate der metaphysischen Untersuchungen. Es ist also, wie schon oben gesagt, das Ergebnis der theoretischen Forschung, das bei Kant negativ war, bei Herbart positiv, indem es die Philosophie mit den realen Wissenschaften verbindet.

Was wird nun aber bei Herbart aus den Vernunftideen, die für Kant der Hauptzweck seines Philosophierens sind? Herbart warnt davor, sich beim Philosophieren gleich bestimmte weitausliegende Zwecke vor Augen zu setzen: das gebe, meint er, der Speculation eine falsche Richtung, mache sie befangen und verleite zu Uebereilungen. Und in der That: theils kommen jene Ideen in Herbarts Metaphysik gar nicht vor, theils erst sehr spät und in ganz anderer Umgebung als in Kant's Kritik der reinen Vernunft. Von der Seele als selbständigem Wesen und der Unsterblichkeit haben wir schon oben gesehen als von dem Resultat der Untersuchung über das Ich. Die kosmolotischen Fragen weist Herbart's Metaphysik als ausserhalb des Kreises des Gegebenen liegend zurück. Die Idee der transscendentalen Freiheit existiert theoretisch wie praktich für ihn nicht, weil sie ein widersprechender, sich selbst aufhebender Begriff ist. Dass aber die Gottheit aus theoretischen Begriffen nicht verstanden werden kann, erkennt Herbart mit Kant an, ohne damit zugleich anzuerkennen, dass die Vernunft bei dem theologischen Problem mit sich selbst nothwendig in Widerstreit gerathe.

So viel von der theoretischen Philosophie. Gehen wir nunmehr zu der praktischen Philosophie und deren Verhältnis zur theoretischen weiter.

Die Hauptabsicht der Kritik der praktischen Vernunft geht dahin, zu zeigen, dass die Vernunft rein aus sich selbst den Willen zu bestimmen vermag. Des Gesetzes, welches die Vernunft durch sich selbst dem Willen gibt, des Sittengesetzes, sind wir uns unmittelbar als eines „Factums" in uns bewust, das sich nicht aus vorhergehenden Thaten ableiten lässt, sondern in Form eines synthetischen Satzes a priori sich selbst uns aufdringt; wir sind uns bewust, dass eine Stimme in uns ohne Rücksicht auf das niedere Begehren uns mit unbedingter Nothwendigkeit beherrscht, unabhängig von jedem sinnlichen Antriebe der Lust und Glückseligkeit: das Sittengesetz ist ein kategorischer, nicht hypothetischer Imperativ, ein allgemein für jedes vernünftige Wesen giltiges Gesetz. Es kann folglich nur aus der Vernunft, nicht aus dem niedern Begehren stammen, es kann nur ein Gebot der Einen allgemeinen Vernunft sein, die sich in demselben praktisch zeigt und dadurch ihre Realität manifestiert: die Vernunft ist eine das Wollen bestimmende Macht.

Mit diesem Vermögen steht nun auch die transscendentale Freiheit fest, welche die speculative Vernunft bloss als problematischen Begriff hinstellen konnte; denn sie ist die Bedingung des moralischen Gesetzes, welches wirklich **ist**, wenngleich wir erst durch das moralische Gesetz uns der Freiheit, die doch zunächst nur etwas Negatives ist, **bewust werden**: es ist ja seinem eignen Wesen nach nichts Anderes als der durch keinen Inhalt des Vorstellens bestimmte, also völlig freie Wille selbst.

Doch was gebietet uns dieses Gesetz? Der empirische Wille geht auf ein Object, zu welchem das Subject durch ein Lustgefühl hingetrieben wird: die Lust ist die Triebfeder des empirischen oder materialen Wollens: der empirische Wille ist also nicht autonomisch, sondern abhängig von den begehrten Gegenständen. Was aber angenehm und was unangenehm, darüber sind die Menschen uneinig; materiale Bestimmungsgründe sind daher nicht für jedes Wesen verbindlich, sie können nur subjective Regeln des Handelns, „Maximen," aufstellen und taugen nicht zum obersten Princip der Moral. Daraus folgt, dass ein Gesetz, welches **alle** Vernunftwesen unbedingt verpflichtet, von allen materialen Principien total verschieden sein muss, nichts Materiales enthalten darf. Gleichwol sind die Maximen für den Willen nöthig, weil erst durch sie ein bestimmter Inhalt des Handelns gegeben ist; da aber das Materiale gerade Schuld ist an der Unbrauchbarkeit einer Maxime als eines allgemeinen Gesetzes, so bleibt nur die gesetzgebende Form der Maxime als das Einzige übrig, was den Willen gleich einem absolut verbindenden Gesetze bestimmen kann, und es versteht sich sonach von selbst, dass nur diejenigen Maximen zu Bestimmungsgründen des Handelns gewählt werden dürfen, welche fähig sind allgemeine Vernunftgesetze zu werden. Der oberste Grundsatz der Moral wird demnach sein: handle so, dass die Maxime deines Willens zugleich als Princip einer allgemeinen Gesetzgebung gelten kann. Dies formale Moralprincip enthält also ein Gesetz, das den Willen über die niedern Antriebe erhebt, das alle einzelnen Willen unter sich einstimmig macht, das für alle Vernunftwesen gilt, und dies Gesetz hat die Vernunft sich selbst gegeben. — Was aber treibt den Willen diesem Gesetze gemäss zu handeln? Die Antwort ergibt sich nach dem Vorigen von selbst: die wahre Sittlichkeit der Handlungen besteht darin, dass nicht äussere Rücksichten, sondern das Moralgesetz selbst den Willen bestimmen. Denn geschieht die Handlung zwar dem Willen gemäss, ist sie aber dabei durch eine andere Triebfeder als das Gesetz selbst hervorgetrieben, so heisse sie legal, nicht aber ist sie moralisch. Freilich, wie nun jenes Gesetz, jener synthetische Satz a priori auf den Willen wirken, ihn zum Handeln bewegen kann, das ist für Kant ein unerklärtes Problem; nur wodurch das geshchen könne, weiss er zu sagen: der Wille sieht sich zur Befolgung des Sittengesetzes getrieben durch das Gefühl der Achtung vor ihm, das sich aus dem Bewusstsein von dem Gesetze von selbst erzeugt. Dies Gefühl der Ehrfurcht ist das einzige, das der Reinheit des Sittengesetzes würdig ist, und sondert sich streng von andern Gefühlen, die auf Neigung oder auf Furcht hinauslaufen: es ist die Willensbestimmung durch's Gesetz selbst und das Bewusstsein dieser Willensbestimmung, es ist also Effect des Gesetzes selbst. Durch diese Ehrfurcht, ihrer Natur gemäss, wird nun zuerst die Eigenliebe verbannt, die nicht mehr gefragt wird, ob sie dem Gesetze gehorchen will oder nicht; jene gebietet: du sollst, weil du sollst. Weil aber unsre Vernunft selbst es war, die das Gesetz gab, so erscheint jene Achtung nicht als finstere zwingende Macht, sondern hat eher mit einer Neigung Aehnlichkeit: diese Achtung vor dem Sittengesetz ist die einzig wahre moralische Gesinnung. Weiter aber sucht die praktische Vernunft nach dem höchsten unbedingten Gut, in welchem alle einzelnen erstrebenswerthen Güter enthalten sind; sie findet: das höchste Gut besteht in der Verbindung der höchsten Tugend mit der höchsten Glückseligkeit und zwar so, dass jene die Ursache von dieser ist. Höchste Tugend und höchste Glückseligkeit entsprechen sich aber nicht in dieser sinnlichen Welt; gleichwohl verlangt jenes „Du sollst", das die Vernunft im Sittengesetze spricht, und jenes „Du kannst", welches dieser Befehl einschliesst, die Realisirung des höchsten Gutes: es muss daher eine übersinnliche Welt geben, in der das höchste Gut verwirklicht werde; damit wird die Unsterblichkeit der Seele und die Existenz eines höchsten persönlichen Wesens postulirt als nothwendige Voraussetzungen des sittlichen Handelns. — So gewinnen die drei Gegenstände, auf die alle Speculation hinausläuft, die aber für die theoretische Erkenntnis problematisch blieben, durch das praktische Bewusstsein objective Realität, jedoch nur in dieser praktischen Hinsicht und ohne dass unsre theoretische Erkenntnis dadurch bereichert würde, und es erhält somit die praktische Vernunft den Primat über die theoretische.

Das Verhältnis der Ethik zur Erkenntnislehre ergibt sich aus dem Vorhergehenden von selbst. Die theoretische Forschung gieng von sinnlichen Anschauungen zu Begriffen und synthetischen Sätzen fort, sie hat es von vornherein mit der Erkenntnis von Objecten zu thun; dagegen die praktische Philosophie, deren

Aufgabe es ist zu erkennen, wie die Vernunft den Willen bestimmen könne, hebt an von Grundsätzen, als deren Bedingung die transscendentale Freiheit vorausgesetzt wird: das zunächst Gegebene ist ihr das Urtheil, von dem aus sie erst zu Begriffen gelangt, nämlich des schlechthin Guten und Bösen, die sie erst jenen Grundsätzen gemäss aufstellt, um deren Realität im theoretischen Sinne sie sich aber nicht kümmert.

Ueberschauen wir diese ethischen Untersuchungen, so erblicken wir Kant's Hauptbestreben darin: für alle Sittengesetze den ersten und eigentlichsten Punkt der Verbindlichkeit, den wahren Grund zwingenden Pflichtgefühls in seiner ganzen Reinheit hinzustellen, und er findet den Grund des Sittengesetzes durch formale Principien des Wollens bestimmt mit Zurückweisung aller materialen. „Wahrhaft erhaben aber ist bei diesem Forscher, dass Er, der mächtige Kritiker, gewohnt überall vorzudringen mit der Frage: woher diese Gewisheit? — jede Frage schweigen hiess, wenn es auf die Anerkennung des ursprünglichen Gebots als einer Thatsache ankam, die schlechthin für sich selbst feststeht und als solche von der Reflexion vorgefunden wird; ... das ehre ich, dass er die praktische Vernunft, noch völlig unbekümmert um das Sein, die Rede anheben lässt vom Sollen" (Herbart, Rede auf Kant, 22. Apr. 1810); und während die hypothetischen Imperative durch ihre Zwecke bestimmt sind, diesen ihre Berichtigung verdanken, so sind dagegen für den kategorischen Imperativ die vernünftigen Wesen selbst Zweck: das vernünftige Ich und der kategorische Imperativ bedingen sich gegenseitig, Eins kann nicht ohne das Andre anerkannt werden: „So arbeitet sich bei Kant das ästhetische Urtheil hervor, die Achtung gewinnt Sprache" (Herb. Bemerk. üb. die Gestaltung der Ethik durch und nach Kant).

Auf dieser Grundlage ist Kant's Ethik erbaut. Und wie verhält sich Herbart dazu? Dass es hier gerade ist, wo er Kant „als seinen Wohlthäter ehrt" erklärt er selbst, und gewis ist auf dem Gebiete der praktischen Philosophie der Einfluss Kant's auf Herbart ebenso gross als in der Metaphysik, gewis ist auch die Ethik Herbart's hervorgegangen aus dem Studium und der Prüfung der kantischen Moralphilosophie. Denn schon die scharfe Sonderung zwischen den Aufgaben der theoretischen und praktischen Vernunft, die Kant's Nachfolger, und besonders Fichte, Herbart's **Lehrer**, grundsätzlich vermischten, die aber bei Herbart auf's Bestimmteste ausgesprochen und als nothwendig mit dem grössesten Nachdruck betont ist, muss als gewichtiger Beleg für „Kant's Auctorität" gelten. Und das wird noch deutlicher, wenn wir uns an Kant's Aesthetik als eine Kritik der Urtheilskraft erinnern, die die Gefühle der Lust und Unlust zu Objecten hat und die Kant zwischen Erkenntnisvermögen und Begehrungsvermögen in die Mitte stellt. Herbart nämlich will die Philosophie vor allen Dingen in die drei völlig verschiedenen Wissenschaften: Logik, Aesthetik*) und Methaphysik zerlegt wissen, durch deren leidige Vermengung zahllose Irrthümer in allen Systemen entstanden seien; die Logik ist die allgemeine Methodenlehre, die Metaphysik untersucht durch Bearbeitung der Begriffe, was an ihnen Wahres ist, und hat den Zusammenhang unserer Kenntnisse im Auge, die Aesthetik hat es mit Verhältnissen von Begriffen zu thun, die

---

*) Für „Aesthetik" im herbartischen Sinne empfiehlt Ueberweg „Timologie", und in der That hat sich jenes Wort nach gerade genug von Philosophen müssen gefallen lassen. Aber Herbart hat mit gutem Grunde den einmal bestehenden Ausdruck beibehalten.

als Verhältnisse gefallen oder misfallen. Es muss sich also derjenige Zweig der Philosophie, den Kant in seiner Kritik der Urtheilskraft behandelt, unter einen jener drei Theile begreifen lassen. Bei genauerer Betrachtung der kantischen Kritik der Urtheilskraft nun zeigt sich gar bald, dass sie doch nicht so ganz „in der Mitte steht" zwischen der Kritik der theoretischen und der der praktischen Vernunft, dass sie vielmehr zur letzteren bedeutend sich hinüber neigt. Ja die höchste Ansicht vom Aesthetischen ist ihm die: es als ein Symbol des sittlich Guten zu betrachten. Dass Kant hier nur von einem „Symbol" redet, findet seine Erklärung in seiner Ansicht von dem falschen Gegensatz zwischen einer Welt, die nach Naturgesetzen regiert wird, und einer zweiten, in welcher Alles durch Freiheit bestimmt ist; die Scheidewand also, die Kant zwischen der praktischen Philosophie und der Aesthetik zieht, gründet sich auf die Behauptung der transscendentalen Freiheit des Willens; wird diese aufgehoben, so muss das Aesthetische mehr als ein blosses Symbol des Sittlichen, es muss seiner innersten Natur nach mit ihm verwandt und zwar unter einem gemeinsamen höhern Begriff ihm coordiniert sein. Nun aber ist, wie schon erwähnt, die Behauptung der transscendentalen Freiheit theoretisch falsch und ungereimt; sie ist aber nach Herbart auch völlig müssig und unnütz für die Principien der praktischen Philosophie, und sie ist praktisch sogar schädlich, indem sie die Anwendung der sittlichen Gesetze auf menschliche Handlungen unlenkbar und unmöglich macht, indem sie das Streben nach sittlicher Besserung zur Thorheit macht, indem sie die Erziehung des Einzelnen wie des ganzen Menschengeschlechtes aufhebt. So musste sich für Herbart die Aesthetik der praktischen Philosophie als etwas durchaus Gleichartiges gesellen, und die genauere Untersuchung überzeugte ihn von der Nothwendigkeit dieser Vereinigung; er sagt selbst (Bem. üb. die Urs. welche das Einverst. üb. die erst. Gründe der prakt. Phil. erschweren), er habe „Jahre gebraucht, um den Standpunkt der sittlichen Beurtheilung im Allgemeinen zu finden", und wir glauben hinzusetzen zu dürfen: er hat ihn gefunden durch psychologisch-ästhetische Untersuchungen.

Diese Vereinigung der praktischen Philosophie und der Aesthetik motiviert er überdies auf's Trefflichste in dem schönen Aufsatz „Ueber philos. Studium." „Es gilt, sagt er, sich zu besinnen, dass, so lange man irgend einem Wollen vor einem andern Wollen den Vorzug giebt darum, weil man will: kein Schritt über das Gebiet der Willkür hinaus geschehe und keine Spur von irgend einem Princip des Werthes erreicht ist, welches man für ein gewisses Wollen nothwendig anders woher holen muss als wieder aus dem Wollen. Es gilt, dass man sich das ‚Ich will wollen' oder ‚Ich will mein Wollen des Wollens' oder — wie weit es beliebig mag aufwärts steigen — gänzlich versage, fest überzeugt, dass immer das letzte ‚Ich will' der Frage bloss gestellt sein wird, ob es denn gut und schön sei, so zu wollen? eine Frage, die auf eine durchaus willenlose Antwort wartet. . . . Rein loslassen muss man vom Wollen und dem blossen Urtheil sich in die Arme werfen, um den Boden der praktischen Philosophie zu finden."

Aber allerdings auch die Aesthetik im engern Sinne sieht bei Herbart ganz anders aus als bei Kant. „Man muss vom Einfachsten ausgehen", das ist die Forderung, die Herbart auf's Nachdrücklichste an alles Philosophieren stellt, während Kant an die einfachen

Principien der Wissenschaft der Aesthetik nicht denkt, und so macht sich Herbart an die Aufsuchung der Elemente der Geschmacksurtheile: denn Urtheile sind es, wovon Herbart in seiner Aesthetik, wie Kant in seiner praktischen Philosophie ausgeht. Die Elemente dieser Urtheile sind nun Verhältnisse, und die **sittlichen** Urtheile betreffen speciell gefallende und misfallende **Willensverhältnisse**; denn das völlig Einfache ist gleichgültig; vom „Willen" aber redet Herbart nicht als von einer Seelenkraft, die ja überall nicht für ihn existiert, sondern von einzelnen Acten des Wollens und von deren Verhältnissen gegeneinander. Die einfachen sittlichen, wie überhaupt ästhetischen Urtheile nun sind von ursprünglicher Evidenz, sind ohne Beweis klar, so wie „der Lehrer des Generalbasses, würde er nach Beweisen gefragt, nur lachen könnte." Besonders wichtig ist ferner, dass die ästhetischen Urtheile niemals die Wirklichkeit ihres Gegenstandes fordern; nur wenn er einmal ist und wenn er bleibt, so beharrt auch das Urtheil wie er sein **sollte**. Woher aber diese Urtheile stammen, das ist eine Frage, die nicht in die Aesthetik gehört, sondern in die Psychologie, wo denn auch Herbart mit gewohnter Klarheit ihre Entstehung nachweist.

Durch jenes Beharren des Urtheils gilt dasselbe dem Menschen, der ihm nicht entfliehen kann, endlich für die stärkste Nöthigung: eine Geschmacklosigkeit ist dem Künstler ein Verbrechen, und ebenso üben auch diejenigen Urtheile, deren Gegenstand der Mensch selbst ist und die ihm also bei allem seinem Handeln stets vorschweben müssen, mit **der Zeit** einen Zwang, einen langsamen Druck über ihn aus, welchen die Menschen das Gewissen nennen. Dieser ursprünglich-praktischen Nothwendigkeit muss das Verlangen des sitt-

lichen Menschen gehorchen, indem es als Glied eines
ästhetischen Verhältnisses löblich oder tadelnswerth erscheint. Eine praktische Philosophie wird also in der
Aufstellung derjenigen ästhetischen Urtheile bestehen,
welche sich auf den Willen richten; die Idee eines
höchsten Sittengesetzes dagegen als einzigen Spruches
der reinen Vernunft, von welchem alle andern Sitten-
regeln nur Anwendungen wären, ist bei der Aufstellung einer praktischen Philosophie gänzlich aufzugeben,
da die einfachen ästhetischen Urtheile — das Einfachste
überhaupt, was sich in praktischer Hinsicht auffinden
lässt — absolut, also von einander unabhängig sind.
Vielmehr indem man den Willen in den einfachsten
denkbaren Verhältnissen, die aus seinen Richtungen
auf sich selbst, auf andre Willen und auf Sachen hervorgehen können, betrachtet, so entspringt für jedes
dieser Verhältnisse auch ein ursprüngliches, absolut un-
abhängiges ästhetisches Urtheil von ganz eigenthümlicher
Beschaffenheit und mit unmittelbarer Evidenz. Wie
aber der sittliche Geschmack zur herrschenden Kraft
werde, das kann die praktische Philosophie nicht ein-
sehn und überlässt den Austrag dieser Frage billig der
Psychologie. — So gelangt Herbart zu seinen fünf praktischen Ideen, der Idee der innern Freiheit, der Idee
der Vollkommenheit, der Idee des Wohlwollens und
Uebelwollens, der Idee des Streites und des Rechts,
und der Idee der Billigkeit oder Vergeltung — „Mu-
sterbegriffen", aus denen, als den ursprünglichen, er
die untergeordneten ableitet. Diese Ideen, doch nicht
die eine oder die andere, sondern alle vereinigt, können und sollen dem Leben seine Richtung geben, denn
wer diese Musterbegriffe in sich wach hält, der „kommt
mit seiner praktischen Ueberlegung nicht eher zu einem
festen Resultat, als bis er unter allen Motiven, denen

er sich hingeben könnte, die ganz unveränderlichen obenan zu stellen sich entschliesst." — Dies der Hauptinhalt von Herbart's Aesthetik.

Suchen wir nun die Punkte auf, in denen Herbart sich hier mit Kant berührt. Da ist vor Allem zu nennen die strenge Scheidung der theoretischen und der praktischen Philosophie, die wir schon oben erwähnten und die auch Kant ausdrücklich als vollkommen in der Ordnung anerkennt, in der Vorrede zur Grundlegung der Metaphysik der Sitten. Gleichwol ist auch in dieser Beziehung noch zwischen Beiden ein Unterschied. Kant sondert im Erkenntnisvermögen eine theoretische Vernunft von einer praktischen, und weil jene sich als unwissend gezeigt, so ertheilt er der letztern den „Primat" über die erstere. Es liegt zu Tage, wie hier das philosophische Hauptinteresse Kant's, über Gott, Freiheit und Unsterblichkeit Etwas festzustellen, massgebend gewesen ist. Herbart, der eine solche Scheidung im Erkenntnisvermögen nicht billigt, kann natürlich auch nicht von einem Primat der praktischen Vernunft reden; die kantische Scheidung zwischen theoretischer und praktischer Vernunft hat nach Herbart ihren wahren Grund einzig und allein in der verschiedenartigen Natur der Objecte, die der Einen Vernunft entgegentreten, und ob hier auch an eine Unter- und Ueberordnung zu denken ist? was dem Menschen theurer sein muss: sein theoretisches Wissen oder seine praktische Ueberzeugung? „Vielleicht genügt eine ganz einfache Gegenfrage. Seht, da steht ein Haus in edlem Stil erbaut und getragen von einem soliden Fundament. Was mag doch das Trefflichste sein an dem Haus? das Fundament? oder die Wohlgestalt und die bequeme Einrichtung?" (Ueb. philos. Stud.). --

Wir haben hier noch in Kürze einem Einwurf zu

begegnen, den wir gelegentlich einen der urtheilsfähigsten Philosophen über den in Rede stehenden Punkt machen hörten. Die Auseinanderhaltung der theoretischen und der praktischen Philosophie bei Herbart, so sagte man, sei doch nur scheinbar und oberflächlich und keineswegs so bedeutsam, als Herbart selbst es darstelle; denn nach seiner Theorie beruhe das gesamte Seelenleben auf dem Ablauf der (theoretischen) Vorstellungen: eben durch denselben sei nach Herbart aber auch das sittliche Urtheil in letzter Instanz einzig und allein bedingt: da sei die gemeinsame Quelle für die Metaphysik so gut, wie für die Aesthetik. Zuvörderst müssen wir in Herbart's Namen dagegen bemerken, dass weder die Metaphysik noch die Aesthetik es mit Vorstellungen als solchen zu thun hat und ebensowenig mit deren Ablauf: das ist Stoff für die Psychologie, die ja aber auch jene Scheidung nicht statuiert. Sodann ist zu erinnern, dass wir dasjenige, was real verbunden ist, nicht darum auch in der Wissenschaft als verbunden ansehen dürfen: es ist dasselbe Blatt, das vom Baume herabfällt, welches der Botaniker, der Physiker, der Chemiker betrachtet — und wie wollte man eine Vereinigung dieser drei Wissenschaften erzielen? und wenn es gelänge, würde es nicht sicher mit der Gefahr geschehen, sie alle drei zu „verderben"? „Wer ästhetisch urtheilt, ist mit seinem Gegenstande, nicht mit sich selbst beschäftigt" sagt Herbart in der Anmerkung zu § 81. der Einl. in die Philos., und fügt hinzu, das Abspringen der Reflexion schade der Reife des Urtheils: mit dem Urtheil allein aber hat es die Aesthetik zu thun. Endlich, dieses ästhetische Urtheil ist von besondrer Eigenthümlichkeit, wodurch es sich von anderlei Urtheilen streng unterscheidet: sein Inhalt sind Werthbestimmungen, Be-

griffe, die ohne alle Rücksicht auf ihre Realität den
Beifall oder das Misfallen erwecken. So dünkt es uns
vollkommen gerechtfertigt, dass Herbart mit so grosser
Emphase von dieser Auseinanderhaltung der Objecte
der theoretischen Philosophie, von denen der Aesthetik
spricht, und wir haben es uns um so angelegener sein
lassen, diesen Gegenstand in das gehörige Licht zu stellen, als nach unsrer Auffassung darin ein gewichtiges
Motiv liegt, Herbart's System aus Kant's Philosophie
abzuleiten.

Aber weiter adoptiert Herbart von Kant den Lehrsatz (Kritik der pr. Ve. §. 2), dass kein praktisches
Princip die Wirklichkeit irgend eines Gegenstandes fordern dürfe, dass also nur formale Principien zur Begründung der Ethik taugen, dass ohne nach Gütern
und Tugenden zu fragen der Begriff der Pflicht aufgesucht werden muss. Dieser Begriff führt nun sogleich
das Merkmal eines unter höherm Befehle stehenden Wilens bei sich; Gehorsam ist das erste Prädicat des guten Willens; ihm gegenüber steht ein Befehl, der etwas Befohlenes zum Gegenstande haben muss. Aber
nicht jeder Gehorsam gegen den ersten besten Befehl
ist sittlich: der Gehorchende muss den Befehl geprüft,
gewählt, gewürdigt — d. h. er muss ihn für sich zum
Befehl erhoben haben. So gebietet sich der Sittliche selbst. So weit behält Kant vollkommen Recht.
Nur die imperative Form bedarf einer leichten Correctur; denn erstens gehe, meint Herbart, die ursprüngliche Evidenz verloren, wenn man die Resultate ästhetischer Urtheile in die Form von Regeln oder Vorschriften bringen wolle: dadurch reize man den Widerspruch,
der dann nach Beweisen frage; zweitens aber bleibt
für Herbart von einer schlechthin verbindenden Kraft,
von einer absoluten Selbstbestimmung nur so viel, dass

das Misfallen an der innern Unfreiheit, wenn man den Ideen zuwider handelt und wandelbaren Motiven Raum gibt, sich in hohem Grade dauernd fühlbar macht. Allein **was gebietet sich der Sittliche?** Hier schiebt Kant die Form des Gebots, die **Allgemeinheit** (wodurch die Willkür ausgeschlossen werden soll) in die Stelle des **Inhalts**. Und auch hieran ist wenigstens zweierlei wahr: einmal, dass der Begriff der Pflicht, von dem Kant ausgeht, nicht schon **einen bestimmten Gegenstand** des Befehls enthält, da wir sonst denselben mit dem Begriffe kennen müssten; ferner, dass der Begriff der Allgemeinheit bei der Aufstellung des Moralprincips allerdings gar schwer in's Gewicht fallen muss. Aber Herbart, der hier „die leere Stelle als leer erkennt", sieht sich daher genöthigt, einen Inhalt der sittlichen Gebote zu verlangen und stellt dafür seine praktischen Ideen auf, damit in ihnen das Gute als ein Muster deutlich zu erkennen wäre; und was die Allgemeinheit der Gesetzgebung anlangt, so ist ihm diese selbst eine praktische Idee: die erste, „die Idee der innern Freiheit"; diese verlangt nämlich die Uebereinstimmung zwischen dem Willen und der über ihn ergehenden Beurtheilung, eine Einstimmung die absolut gefällt, während ihr Gegentheil absolut misfällt — nur müssen die Glieder dieses Verhältnisses völlig getrennt von einander gedacht werden, die Beurtheilung soll Nichts von den Triebfedern des Begehrens in sich aufnehmen, sie soll unbestochen sein. Zugleich aber ist diese Idee die eigentliche Bedingung aller Moralität im Gegensatz zur Legalität: denn es kann sehr wol der Wille mit einer praktischen Idee übereinstimmen und daher vollkommen legal sein, wahrhaft moralisch aber wird eine Handlung erst dadurch, dass sie hervorgeht aus der Idee der innern Freiheit

d. h. aus der sittlichen Einsicht oder, wie Kant sich ausdrückte, aus der Achtung vor dem Sittengesetze.
So ist denn also auch bei Herbart die Rede von Freiheit, dem Schlagworte Kant's? Gewis, nur nicht von „transscendentaler" Freiheit, die ihren Sitz in einer intelligiblen Welt hätte und deren der Mensch theilhaftig wäre, insofern er Bürger jenes mundus intelligibilis wäre. Kant war auf die Realität seiner transscendentalen Freiheit gekommen durch seinen kategorischen Imperativ, für den sie ihm die conditio sine qua non war: in diesem obersten Grundsatze hatte sich ja die Vernunft als „völlig frei und autonomisch" bethätigt. Oder um diese wichtige Frage ausführlicher zu erörtern: die Kritik der prakt. Vern. beginnt mit der Definition „Praktische Grundsätze sind Sätze, welche eine allgemeine Bestimmung des Willens enthalten, die mehrere praktische Regeln unter sich hat." Damit macht Kant stillschweigends die Voraussetzung, die Moral gründe sich auf den Pflichtbegriff, den er als Grundgedanken der Ethik nun weiter verfolgt. Daher muss er ein ursprüngliches Gebieten, einen kategorischen Imperativ annehmen und es kommt ihm vor Allem darauf an, das „Factum" eines solchen ursprünglichen Gebietens über allen Zweifel zu erheben. So wird es Bedürfnis ein Wollen anzunehmen, das die Unwandelbarkeit eines Princips habe, und nicht, wie alle Begierde, von zufälligen Aufregungen durch zeitliche Erscheinungen abhange: ein solches Wollen musste aus allen Zeitverhältnissen herausgerückt, musste frei gemacht werden von der Causalität in der Sinnenwelt, durch deren Einfluss es eben nur verunreinigt wird. Allein, fragt Herbart, da doch die transscendentale Freiheitslehre an dem Pflichtbegriff, als Princip der Ethik betrachtet, hängt: kann denn überhaupt der Pflicht-

begriff das Erste der praktischen Untersuchung sein? und er findet: nein, dieser abgeleitete Begriff gehört gar nicht in die eigentliche Grundlegung der praktischen Philosophie; denn „sollte ein Gebot als solches ursprüngliche Giltigkeit besitzen, so müsste ein Wollen als solches einen Vorrang vor allem andern Wollen haben; aber als Wollen ist jedes Wollen dem andern gleich; folglich als Wollen hat kein Wollen irgend einen Vorrang vor anderm Wollen; folglich als Gebot kann kein Gebot ursprünglich giltig gebieten; folglich als Gebotenes kann kein Gebotenes ursprünglich Pflicht sein" (Bemerk. üb. d. Urs., welche das Einverst. üb. d. ersten Gründe der pr. Phil. erschweren), es muss vielmehr die Auctorität über allem Wollen herrühren von einem willenlosen Vorziehen oder Verwerfen, vom ästhetischen Urtheil. Es gehört also die Autonomie nicht dem Willen, sondern der willenlosen Billigung und Misbilligung, und die Freiheit als die Bedingung des Sittengesetzes ist verwechselt mit der Absolutheit der sittlichen Urtheile selbst. So bleibt denn von der Freiheit, deren Kant sich durch den kategorischen Imperativ bewust war, bei Herbart allerdings Nichts weiter übrig als die Fähigkeit des schon sittlichen Menschen, den Begierden nicht nachzugeben, sondern ihnen zu widerstehen durch den Entschluss seiner besten Einsicht gemäss zu handeln. Aber diese „Idee der innern Freiheit" ist nicht selbst ein Werk der Freiheit, sondern sie ist nothwendig und über allem Wollen und Nichtwollen erhaben. „Frei fühle sich der Mensch, wenn er vom Zwange andringender Begierden loskommt; nur kann er sich nicht ganz frei fühlen, besonders nicht im Augenblicke der Selbstüberwindung, weil letztere nothwendig erscheint: er fühlt sich stark; Stärke aber ist etwas Andres als

Freiheit. Dagegen denkt sich der sittliche Mensch frei, wenn er über sich selbst in ruhigen Stunden nachdenkt. Denn er betrachtet seine sittliche Einsicht als sein eigentliches Selbst; er unterscheidet davon die durch äusere Gegenstände und wechselnde Umstände aufgeregte Begierde als etwas Fremdes. Daher findet er sich frei, sobald das Fremde sich zurückzieht vor demjenigen Willen, welcher von der Einsicht der unmittelbare Ausdruck ist." In dieser letzten Beziehung hat also Kant ganz Recht: er hat ein nothwendiges Moment der Sittlichkeit damit herausgehoben; nur fasste er diese Freiheit schief auf und knüpfte nun unrichtige Folgerungen daran. Und das konnte ihm begegnen, weil er keine richtige Metaphysik und weil er eine total unbrauchbare Psychologie hatte. Denn erstere muss die absolute Selbstbestimmung widersprechend finden, und die Erfahrung zeigt obendrein, wie das sittliche Gebieten „ein Phänomen bestimmter Culturzustände und nach denselben verschieden" ist. Die Psychologie aber weist auf die Mehrheit und Verschiedenheit der Vorstellungsmassen hin, die verschiedene Motive und verschiedenes Wollen in sich tragen; sie macht begreiflich, dass nicht das „Vorstellungsvermögen" auf „das Begehrungsvermögen" durch die Vorstellung eines Gutes oder eines Uebels wirkt, dass vielmehr das Begehren ein Zustand der Vorstellungen selbst ist, der vorzüglich von der Construction der Vorstellungsmassen abhängt.

Hier wird nun auch die Bedeutung klar, welche Herbart's praktische Philosophie für die Pädagogik hat, auf welche Kant's ethische Grundsätze gar keine Anwendung gestatten. Denn indem Kant sich direct mit einem Befehl an den Willen wendet und dabei, auch abgesehen von seinem Freiheitsbegriff doch ein Wunder voraussetzen muss, so leugnet Herbart den unmittelbaren Einfluss des sittlichen Urtheils auf den Willen, so beschränkt er sich darauf, die **Einsicht, das sittliche Urtheil zu stärken und zu befestigen durch Entwicklung und Entgegenhaltung der sittlichen Ideen,** die, in ihrer Reinheit als Muster anerkannt, erst allmählich jene sittliche Macht werden können: **die Sittlichkeit ist ihm ein Resultat der Erziehung.**

Erinnern wir uns jetzt, wie Herbart es für nothwendig erklärte, theoretisches und praktisches Forschen den **Principien** nach streng zu sondern, da „Reinlichkeit der Forschung die Bedingung ihres Gelingens ist", haben wir gesehen, wie theoretische und praktische Philosophie und überhaupt jeder Zweig derselben bei ihm seine besondere Methode hat, so erkennen wir nun auch die Wahrheit seiner Behauptung, dass es „darum doch nicht an Verbindung und inniger **Verbindung der Resultate** fehlt:" die Pädagogik Herbart's ist Nichts ohne seine praktische Philosophie, Nichts ohne seine Psychologie, und die Psychologie schwebt als Hypothese in der Luft ohne die Metaphysik.

Kant verfehlte die absoluten ästhetischen Urtheile über den Willen und verwechselte sie mit einer absoluten Selbstbestimmung, das willenlos über dem Willen Erhabene mit dem Willen selbst, und so brachte er seine Freiheit, die Eigenschaft des Willens sich selbst ein Gesetz zu sein, zu Stande. Wie nah war Kant's Sinn ursprünglich der Wahrheit und wie weit entfernt er sich schliesslich davon! — Also auch hier, auf dem Gebiete des sittlichen Handelns, herrscht das ewige Causalgesetz und ein strenger Determinismus, und es ist eben Bedingung der Sittlichkeit, sich nach Motiven bestimmen zu können, wobei freilich festzuhalten ist, dass „die Motive verschieden sind von Ursachen." „Die edelsten Entschliessungen würden werthlos sein, wenn der Mensch sagen könnte: ich will das Gute nicht weil es gut ist, sondern weil mir's eben so beliebt." (Einl. in die Phil. § 128, Anm. 2. z. Ende). Es verlohnt sich der Mühe, hier nachträglich eine Vergleichung der teleologischen Ansichten Kant's und Herbart's aufzustellen, und scheint uns dies dazu die geeignetste Stelle zu sein, weil der Zweckbegriff, so sehr Herbart seine Berechtigung anerkennt, bei ihm doch ausser aller Beziehung auf das System zur Sprache kommt. Kant sieht in dem Begriff der Naturzweckmässigkeit nur ein regulatives, nicht ein constitutives Princip und lässt es unentschieden, ob der Natur an sich innere Zweckmässigkeit zukomme oder nicht. Nach ihm hat unser discursiv denkender Verstand es nöthig, den Zweckbegriff in die Natur hineinzuschauen, da sonst das Ganze aus den Theilen, das Allgemeine aus dem Besondern nicht begreiflich werden würde; als regulativ soll dies Princip „für unsre menschliche Urtheilskraft ebenso nothwendig gelten, als ob es ein objectives wäre." Andrerseits aber dürfen wir nicht unsren Zweckbegriff so ansehen, als wäre dieser Begriff zugleich der Schöpfer der Dinge: da wir ja nach Kant von Dingen an sich Nichts wissen. Es ist sonach der Zweckbegriff weiter Nichts als ein subjectives Bedürfnis, um die mechanische Betrachtungsweise der Natur zu ergänzen. Allein so einfach ist die Sache noch nicht abgethan; wir erhalten hier noch eine sonderbare Zugabe. Wie beiläufig nämlich schweift Kant auch über jenes „als ob" und über die Subjectivität des Princips hinaus zu einer freilich problematisch gelassenen neuen Annahme: zu der Annahme eines anders als menschlich denkenden Verstandes, zu der Idee eines intellectus archetypus, in welchem die Natur und der Verstand des Menschen jenseits der Natur und des Geistes ursprünglich verknüpft sein soll. Und wunderbar genug: gerade diese Idee, die Kant gleichsam ex abundantia rerum hinwarf, schien dem nachkantischen Idealismus der eigentliche Stein der Weisen zu sein; das Problematische der Idee liess man durch eine Zauberformel verschwinden und ihre Objectivität wurde nun nach Kräften verwerthet. — Wie echt kritisch verfährt dagegen Herbart auch mit diesem Begriff! Er findet den Zweckbegriff als gegeben in der Seele vor; es versteht sich von selbst, dass, wie überhaupt keine Form der Erfahrung, auch der Zweckbegriff nicht ursprüngliches Eigenthum unsres Gemüthes ist, mit dem wir der äussern Natur gleichsam ein Geschenk machen könnten; vielmehr wie alle Begriffe erst aus der Erfahrung stammen, so kann auch der in Rede stehende Begriff nur aus der Natur in uns hineingekommen sein; die Apriorie erweist sich überdies gerade bei diesem Begriffe noch augenscheinlicher als nichtig, denn bei den übrigen Kategorien, wie dies Herbart in der Einl. § 155, des Nähern auseinander setzt. Das Gegebene also ist wirklich die Grundlage der teleologischen Betrachtungsart. Aber das hindert nicht, dieselbe nach ihrer Berechtigung zu fragen. Zunächst unternimmt es die Skepsis, alle Zweckmässigkeit zu leugnen. Das aber gelingt nicht, die Zweckmässigkeit spricht vielmehr so laut und lieb vor Allem zum Herzen, dass kein Mensch dieser Betrachtungsweise entrathen mag noch kann: wer legte nicht z. B. unwillkürlich menschlichen Handlungen, menschliche Absichten, menschliches Wissen und Wollen zu Grunde, ob schon Niemand dies Wollen wahrnimmt? Freilich auf dem Gebiete des Wissens, der Forschung ist die Teleologie unzulässig, sie darf sich nicht in jenes eindrängen, sondern nur sich als Ergänzung neben die Naturbetrachtung stellen. Und Herbart warnt eindringlich genug vor jener Teleologie, von der „kein Hauch die eigentliche **Naturforschung** anwehen darf; denn diese beruht unwandelbar auf den Begriffen der Substanz, der Kraft und der Bewegung." (Einl. § 148, Anm.). Aber wo die strenge Wissenschaft zu Ende geht, wo es sich um Gefühle handelt, für welche nach Herbart's Ueberzeugung die Forschung nie wird einen Ersatz darbieten können und welche eben deshalb auf andre Weise zu pflegen ihre heilige Pflicht war — da ist der Zweckbegriff am Platze, da ist er **constitutiv**. — Es ist ersichtlich, dass auch Herbart Gränzen der Erkenntnis anerkennt, aber in wie anderem Sinne und aus wie anderen Ursachen als Kant! Letzterer scheint fast ängstlich bemüht, allererst eine Gränze für die Erkenntnis zu schaffen und er thut das Möglichste, den Gesichtskreis der Forschung so eng zu ziehen, dass diese einem Blinden gleich und wie im Traume durch diese Welt der Erscheinungen hinzuwandeln sich begnügen muss. Herbart scheut gewis ebenso wie Kant „Machtsprüche," er stellt gewis ebensowenig wie Kant jemals ohne **Begründung** ein Resultat als den Ausdruck wissenschaftlicher Forschung hin; aber eben, weil er wusste, was **untersuchen** und **begründen** heisst, so nöthigte ihn seine Wahrhaftigkeit, der Forschung allerdings Gränzen zu setzen, die aber, wie wir gesehen haben, in weite Fernen reichen und dem Blicke eine freie Aussicht gestatten. Und dem Menschen selbst über diese Gränzen hinauszuhelfen, hat er noch ein Kleinod: den Zweckbegriff. So wird denn bei Herbart die Teleologie die Freundin und Helferin des Glaubens, d. h. derjenigen Ueberzeugungen, die sich nicht demonstrieren lassen, weil sie über das Wissen hinausgreifen: sie führt in das Reich des Uebersinnlichen. So gewis nun den Glauben, „der überdies viel älter ist und viel tiefere Wurzeln im Gemüthe hat als die Teleologie", kein Mensch entbehren kann, ebenso gewis, aber auch nur in so fern, hat die teleologische Naturbetrachtung ihre gute Berechtigung. Denn nun ist nicht mehr zu fürchten, dass das Wissen den Glauben beeinträchtige, sowie anderseits die Forschung nicht durch Glaubensartikel Einbusse erleidet. Und ausserdem: „je neuer, fremder, unerwarteter dem Wissen dasjenige eintritt was über das Wissen hinausgeht, um so besser schliesst sich die Darstellung dem Gegenstande an."

Herbart sieht also Zweckmässigkeit nicht in die Natur hinein, er sieht sie vielmehr in der Natur. Aber der Begriff einer sogenannten immanenten Zweckmässigkeit, insofern darin bloss liegt, dass ein Mannigfaches zusammentreffe zum Zwecke, hat für ihn keinen Sinn: er verlangt, dass die Verbindung jenes Mannigfachen ausgehe von dem Wissen und Wollen eines Zweckes, folglich von einer den Zweck als solchen wissenden und wollenden Intelligenz: der religiöse Glaube beruht sonach bei Herbart nicht bloss auf dem praktischen Bedürfnis Kant's,*) sondern auch auf dem Gegebenen, auf der Naturbetrachtung, als eine theoretisch-nothwendige Ergänzung unseres Wissens. Und dass demselben damit eine starke Stütze geliehen ist — wer wollte es nicht zugeben?

Wir sind in Verlegenheit, wie wir hier, bei dem Zweckbegriff, noch einen Anknüpfungspunkt zwischen Herbart und Kant aufzeigen sollen: der Gegensatz ist

---

*) Gott ist ihm „das reelle Centrum aller praktischen Ideen und ihrer schrankenlosen Wirksamkeit" (Ueb. d. ästhet. Darstellung der Welt, als Hauptgeschäft der Erziehung).

zu gross. Aber wie sollt' es auch anders sein? Jener Begriff findet ja seine Anwendung erst an der Stelle, wo die Forschung ihre Incompetenz eingestehen muss — und wie verschieden lauten die Festsezungen über die Grenzen unsrer Erkenntnis bei Herbart und bei Kant! und wie weit entfernt sich Herbart schon auf dem Wege der Forschung selbst vom Kant! Sodann aber hangen die Ansichten über die Berechtigung gerade dieses Begriffes doch so eng mit der individuellen Entwickelung jedes einzelnen Menschen zusammen, dass sie erst aus der gesammten Anschauungsweise des Einzelnen resultieren. Ueberein kommt Herbart mit Kant denn auch nur darin, dass die Idee eines zweckmässigen Waltens in der Natur nothwendig ist als Ergänzung der mechanischen Betrachtungsweise der Dinge, aber welcher von beiden Philosophen auch hier präciser und gründlicher ist, kann Niemand schwer fallen zu entscheiden. Denn einmal zieht Herbart die Gränze zwischen der teleologischen und und der mechanischen Betrachtungsweise weit schärfer, als Kant, der im Zweckbegriff nur „ein Princip mehr" die Natur zu betrachten erblickt, ohne zu sagen wie weit dessen Competenz reicht. Ferner aber macht Herbart mit dem Zweckbegriff wirklich Ernst und schreibt das Vorhandensein bestimmter Entwicklungsstufen der Substanzen schlechthin einer höhern, nach Zwecken wirkenden Kraft zu, während Kant den Begriff der Zweckmässigkeit zu einem blossen subjectiven Modus des Erkennens macht: Herbart's Teleologie erkennt in der zweckmässigen Einrichtung der Natur den Finger des Allgütigen und sieht desshalb die einfachen Wesen als von Gott geschaffen an, wogegen Kant die Ableitung der Dinge aus einer letzten Ursache allzuvorsichtig vermeidet und dieselbe nur als ein Ideal unsrer Vernunft darzustellen sucht.

Wir glauben hiermit die wesentlichen Punkte, in denen Herbart zu Kant in Beziehung steht, berührt zu haben und daher am Ende unsrer Untersuchung zu sein. Denn die Logik, von der sich hier noch reden liesse, ist im Wesentlichen seit Aristoteles dieselbe geblieben und wird es, wenn man nicht ihren Namen auch auf andre philosophische Disciplinen ausdehnen will, auch bleiben müssen. Freilich thut Herbart in seinen Hauptpunkten der Logik z. B. „die gänzliche Unstatthaftigkeit" der Kantischen Tafel von den logischen Functionen im Urtheilen dar und erklärt mit Recht die Qualität des Urtheils allein für sein Wesen; allein es erscheint uns diese wie einige andere Differenzen der Logik nicht als etwas Wesentliches. Gleichwol können wir es uns nicht versagen, eine der Logik und der Psychologie zugleich angehörige Frage, mag sie auch unwesentlich genannt werden, noch kurz zu erörtern, weil sich in ihr Kant's Einfluss auf Herbart auf das Unzweideutigste zu erkennen gibt: wir meinen den Satz den Identität und des Widerspruchs.

Herbart behandelt nämlich diese Sätze, auf denen in letzter Instanz jede Garantie für die Richtigkeit des Gedankenfortschritts beruht, unter dem Capitel „Von den Begriffen" (Einl. §. 39). Der Satz des Widerspruchs ist ihm eine mathematische Wahrheit, die sich unmittelbar aus dem Wesen des (bestimmten) Begriffs ergebe; er erhalte seinen Sinn durch die vorausgesetzte Kenntnis der Gegensätze unter den Begriffen; mit ihm gleichgeltend sei der Satz der Identität. Die Gegensätze zwischen Begriffen aber beruhen auf der eigenthümlichen Beschaffenheit des Gedachten selbst, nach welcher keine Verknüpfung unter ihnen möglich ist. Sonach sollte auch der Satz des Widerspruchs auf besagter Beschaffenheit des Gedachten beruhen; und das ist

unzweifelhaft richtig. Aber er beruht, da er eben ein **Satz**
ist, auch noch auf etwas Anderem, was ihn erst in seiner
vollen Berechtigung erscheinen lässt: auf der strengen Einheit der Seele. Es geht nämlich aus der Evidenz, mit der
jene Sätze allerdings von vornherein auftreten, noch
keineswegs die Berechtigung für uns hervor, sie unabgeleitet und ohne Nachweis als Principien gelten zu lassen: denn ein Princip muss nicht bloss völlig sicher
stehn, es darf auch nicht ableitbar sein, darf den Grund
seiner Wahrheit nicht in etwas Anderem haben. Nun
aber existieren auch im Uebrigen für Herbart keine
Grundsätze und Begriffe, die, einer intellectualen Anschauung ähnlich, keines Nachweises bedürften. Und
trotzdem sieht auch Herbart diese Sätze an als solche,
die, ursprünglich und unmittelbar gewis, keiner Ableitung fähig seien, d. h. doch als apriorische Sätze,
während er sonst alle Apriorität leugnet: ein greller
Widerspruch zwischen Herbart's Logik und seiner Psychologie. Und wie diese Sätze allerdings psychologisch
ableitbar sind und dadurch erst ihre volle Giltigkeit als
oberster Denkgesetze augenscheinlich wird, darüber
schliessen wir uns Th. Waitz' vortrefflicher Auseinandersetzung, wie er sie in seiner „Psychologie als Naturwissenschaft" § 49 gibt, an und erblicken mit Waitz
in dieser Inconsequenz Herbart's einen „Rest des Kantianismus." So bedeutend war der Einfluss, welchen
Kant auf seinen Nachfolger übte, dass selbst ein Irrthum Kant's, der bei ihm in dem Mangel an psychologischer Einsicht seinen Grund hatte, unbemerkt auch
von Herbart übernommen wurde, der ihn bei **seiner**
Psychologie consequent hätte vermeiden müssen.

Fassen wir nun das innere Verhältnis von Herbart
zu Kant in zwei Worte zusammen, so ist es dies, dass
Herbart's Philosophie in ihrer Hauptsache aus einer

gründlichen Revision von Kant's System und von dessen Voraussetzungen hervorgegangen ist: es ist die exacteste Anwendung der kantischen Methode auf das Gegebene. Vor Allem ist es der kritische Geist, den Kant seinem Nachfolger mitgetheilt hat. Aber der Kriticismus Herbart's ist umfassender und tiefer. Kant hatte sich für seine Philosophie von vornherein bestimmte, um jeden Preis zu erreichende Ziele gesetzt und in Folge dessen versäumt, die Grundlage gehörig zu untersuchen. Herbart lässt sich nur durch den **nothwendigen** Fortschritt im Denken forttreiben und, überall vom Gewissen und Einfachen ausgehend, hält er's für seine wissenschaftliche Pflicht, die Kritik auch auf diejenigen Gegenstände anzuwenden, die Kant unkritisch genug als Wahrheiten hatte bestehen lassen: vor Allem auf seine psychologischen Voraussetzungen. Dadurch wurde für seine **Theorie** klar, dass unsre Erfahrungsbegriffe einer Umarbeitung bedürfen, weil sie noch keine Erkenntnis sind, wohl aber die Keime einer solchen enthalten. Daraus wurde für die **praktische Philosophie** klar, dass die sittlichen Begriffe sich wie die theoretischen in der Seele erst erzeugen, dass die **willenlose Vorziehung oder Verwerfung dieser Begriffe, sobald sie gegeben sind,** in der Natur dieser Begriffe selbst begründet sein muss, dass von einem Princip der Willkür oder Freiheit nicht die Rede sein darf. Kant's unkritische Voraussetzungen führten consequenter Massen zum subjectiven Idealismus, vor dessen Dogmatismus ihn nur sein gesunder Sinn bewahrte: Herbart ist durch diesen Idealismus vollends hindurch gegangen, hat seine Unhaltbarkeit erkannt und als den einzig wahren Standpunkt einen „vernünftigen Realismus" erfunden. —

Luckau, 1866.

K. Fr. W. L. Schulze.

Berichtigungen.

S. 25, Z. 9 v. o. l. Ueberlegung st. Ueberzeugung.
S. 27, Z. 15 v. u. l. Daten st. Thaten.
S. 31, Z. 7 v. u. l. Berechtigung st. Berichtigung.
S. 39, Z. 5 v. o. ist das Komma zu streichen.
S. 42, Z. 5 v. u. l. fühlt st. fühle.
S. 46, Z. 6 v. u. ist das Komma hinter „Handlungen" zu tilgen.
S. 48, Z. 3 v. o. l. Philosophie st. Teleologie.